I0123195

LE PROBLÊME IMPORTANT,

OU

OPINION

D'UN PÈRE DE FAMILLE FRANÇAIS,

SUR

LA FRANCE PASSÉE, PRÉSENTE ET FUTURE.

LE PROBLÊME IMPORTANT.

QUAND CELA FINIRA-T-IL? COMMENT CELA FINIRAIT-IL?

OU OPINION

D'UN PÈRE DE FAMILLE FRANÇAIS,

SUR

LA FRANCE PASSÉE, PRÉSENTE ET FUTURE.

Sparge, marite, nuces; tibi deserit Hesperus œtam.
VIRGIL.

Renonçons à de puériles illusions, donnons à notre ame une nourriture plus solide, si nous voulons assurer le sort de notre postérité.

PAR M. JACQUES-JEAN-REYMOND MAUREL, *ci-devant Avocat-général au Parlement de Dauphiné, ci-devant Conseiller de préfecture du Département de l'Isère, ci-devant Membre de la Chambre des Députés; actuellement Membre du Conseil de la Commune de Grenoble, Membre du Conseil-général du Département de l'Isère, et Président à la Cour royale de Grenoble.*

A GRENOBLE,
De l'imprimerie de F. ALLIER, Imprimeur du ROI.
Octobre 1820.

Le morceau suivant a été composé pendant les loisirs des vacances dernières. Aujourd'hui les circonstances où se trouve la France semblent faire un devoir à l'Auteur de le publier par la voie de l'impression.

LE PROBLÊME IMPORTANT,

OU OPINION D'UN PÈRE DE FAMILLE FRANÇAIS, SUR LA FRANCE, PASSÉE, PRÉSENTE ET FUTURE.

AUJOURD'HUI, la multiplicité des opinions que chaque instant voit naître et voit mourir, a singulièrement affaibli les esprits dans la recherche de la vérité et des principes. Nous avons si long-temps, si cruellement été la dupe de mille et mille choses qu'on a dites à ce sujet, que, pour cette sorte d'étude, les uns ont une réelle aversion, ou un insurmontable éloignement, et que les autres, par méfiance, ou par désespoir, ou par dissipation, ne sauraient plus y donner qu'une attention fort légère.

Je réclamerai néanmoins ici votre attention tout entière; je ne l'occuperai pas trop long-temps.

Oubliez un moment vos plaisirs, si vous êtes jeune, vous les retrouverez après, s'ils sont honnêtes, et vous y joindrez celui de la reconnaissance envers leur auteur. Si vous avez passé ce point culminant de la vie, où l'on arrive sitôt, quand on y arrive, et d'où l'on descend si rapidement, lorsqu'on n'en est pas précipité, oubliez vos désirs ou vos regrets; grâce à votre expérience, quel que vous puissiez être, bientôt vous les sentirez s'adoucir en votre ame, et l'ardeur de sa fièvre venant à être calmée, vous connaîtrez, à ne plus vous y méprendre, le seul remède capable de lui rendre la santé. *Connais-toi toi-même.*

Comme ce serait vraiment le siècle de l'obscurité, que celui où l'on irait méchamment éteindre toutes les lumières des âges précédens, pour vous rassurer et pour vous donner d'abord l'idée de ce qui va suivre, nous commencerons par un beau précepte de Cicéron à son fils; vous le trouverez dans ses partitions oratoires avec ce qui le précède et ce qui le suit. Dans les conjonctures où nous sommes engagés, je ne doute pas que ce conseil ne vous paraisse tout-à-fait à propos. Et quels temps furent jamais plus opportuns à le rappeler, bien qu'assurément aucun ne se soit trouvé plus mal disposé pour s'en servir! Le voici donc ce bel et profitable précepte. Vous allez, mon cher lecteur, le juger par vous-même.

« Si ce que vous avez à dire s'adresse à des hommes
» bien instruits et bien élevés, insistez sur ce qui est hon-
» nête et digne d'éloges, et particulièrement sur les vertus
» propres à maintenir et à augmenter le bonheur de la
» société ».

Apud homines benè institutos plurimùm de laude et de honestate dicemus, maximèque ea virtutum genera tractabimus, quæ in communi hominum utilitate tuendâ, augendâque versantur.

Vous voyez que Cicéron connaissait bien les hommes, et tous les hommes quels qu'ils fussent, tant ceux qui avaient été bien instruits et bien élevés, que ceux qui n'avaient pas eu cet extrême bonheur.

Le problême que je me propose de résoudre est important, non-seulement en France, mais par-tout. Malheureusement il paraît très-compliqué; mais quand l'inconnu ou les inconnus, car ils sont une légion, seront dégagés, ainsi que s'expriment les mathématiciens, la solution sera tellement à la portée de tous, qu'on sera ensuite étonné de n'y avoir pas songé tout d'abord.

Afin que rien ne manque à la sécurité, soit publique, soit privée, l'expérience sera facile à répéter, car elle a été faite une multitude innombrable de fois et par toute la terre; on pourra donc la faire de nouveau sur un homme, sur une famille, sur une corporation, sur un régiment, sur un village, sur une ville, sur un état; à l'instant on trouvera tout rentré dans l'ordre. Mais il faut pour cela des lumières que les hommes n'ont jamais pu se donner; et c'est ce qui fait un devoir à ceux qui les auraient reçues de ne pas les laisser sous le boisseau, quelques faibles qu'elles soient.

On l'a dit il y a long-temps : dans quelque genre que ce puisse être, ne dites pas : les inventions des hommes leur appartiennent, mais dites avec une des plus vives lumières de l'ancien barreau de Paris, l'illustre Cochin, que *dans la vérité du christianisme, l'homme n'a rien dont il puisse s'attribuer la gloire.* C'est Dieu qui met dans les ames les semences de tout ce qui est vrai, de tout ce qui est honnête; plusieurs ont tourné de ce côté leurs investigations incertaines, fugitives, insuffisantes parmi les payens.

Quid verum atquè decens curo et rogo et omnis in hoc sum.
HORAT.

Mais c'est Dieu seul qui les développe et qui les fait fructifier, ou les frappe de stérilité suivant les décrets de sa Providence. Celui qui donne la pâture aux oiseaux du ciel, ne donne-t-il pas la nourriture à notre ame? N'agit-il pas en nous à chaque instant et dans tout le bien que les hommes peuvent faire?

Si l'on eût demandé à cette reine de France que les vieillards parmi nous ont pu voir encore sur le trône, à Marie Lecksinska, comment elle s'était pénétrée, au milieu de sa cour, de cette divine maxime dont les princes et les princesses de sa famille et de sa race se sont servis avec un courage si fort au-dessus des forces de l'humanité ?

« Le contentement voyage rarement avec la fortune ; » mais il suit la vertu jusque dans le malheur ».

Si vous eussiez demandé à cet homme qui faisait honneur à l'homme, au maréchal de Turenne, où il avait pris ces vertus et ces talens qui ont rendu sa vie si glorieuse, et sa mort si douloureuse pour toute la France ?

Si vous aviez demandé au sage Rollin d'où vient il a consacré jusqu'au dernier de ses jours à l'instruction de la jeunesse ? (Voyez l'avertissement de l'auteur, au commencement du 11.e tome de son histoire ancienne.)

Si vous demandez à cette fille décorée, à la fin des dernières guerres, par les monarques de l'Europe, pourquoi, au milieu des fusillades et des canonnades, elle allait sur les champs de bataille emporter amis et ennemis sur ses épaules ?

Si vous demandez à cet homme de peine pourquoi il s'est élancé au milieu des ondes, au milieu des flammes, pour en retirer son semblable ?

Si vous demandez à cet ouvrier, à cette mère de famille, comment ils se lèvent long-temps avant le jour pour travailler, dans la sérénité d'une bonne conscience, dans les joies de la piété, à la subsistance d'une nombreuse famille ?

Si vous demandez au curé actuel de la chapelle Blanche, petit hameau à huit lieues d'ici, dans les montagnes, sur la frontière de la France et de la Savoie, comment il racommode les membres disloqués de ses paroissiens et de tant d'autres qui arrivent à lui de tant de lieux différens, et d'où vient ses mains robustes et charitables n'ont jamais touché ni au denier du pauvre, ni aux bourses offertes par les riches ?

Ne voilà-t-il pas des portions de matière bien singulièrement organisées ?

Que vous eussent-ils dit? que vous dira ce dernier ? Il vous répondra par un verset de son bréviaire : *à domino factum est istud.* Et après y avoir bien pensé, pensé aussi long-temps que le père Mallebranche, aussi long-temps que le sage de la Grèce, auquel on avait demandé : Qu'est-ce que Dieu ? vous vous trouverez forcé d'ajouter : *et est mirabile in oculis nostris.*

Il n'en sait rien, ni vous non plus. Demandez-le à celui de qui nous recevons tout à chaque instant ? à celui qui nous a révélé la première et la dernière raison des choses, et dont la bonté infinie, regardant notre misère dans sa miséricorde, nous a fait connaître enfin, à ne plus s'y tromper, et dès cette vie, pourquoi il y a quelque chose.

Ceux qui ont nommé le soleil *l'Œil de la nature*, se sont grossièrement trompés; ils n'ont pas, comme le dit le père de tous les chrétiens à l'astronome Lalande, ils n'ont pas vu assez haut dans les cieux qu'ils ont tant étudiés !

Passons au problême annoncé. Vous le voyez, j'observe encore en cela les préceptes anciens: *semper ad eventum festinat.* Mais il y a tant de livres aujourd'hui, qu'on craint d'ajouter encore indiscrètement au nombre effroyable que nous en avons. Je dis effroyable, parce que, à cause de leur multiplicité même, il faut que chacun se fasse son livre à lui-même, mais en choisissant avec un soin extrême les matériaux. Là est le travail; là est la peine.

Voici le mien, sans galimatias, sans enflure, du moins je l'espère : *plus humanicè quàm doctè locutus est.* Si vous connaissez quelque chose qui aille plus droit au bonheur de notre pays, au bonheur des hommes, je vous en supplie, faites-le-moi connaître; ou si vous ne trouvez rien, faisons usage de cette sagesse aussi ancienne et plus ancienne que le monde :

Si quid novisti rectiùs istis,
Candidus imperti, si non, his utère mecum.

Car il ne faut point tordre le cou à tous les hommes pour leur bonheur, il faut laisser la face de l'homme comme son Créateur la lui a placée, tournée vers le Ciel, et comme chacun aujourd'hui fait et défait, et refait sa philosophie suivant les circonstances du jour, de l'heure, du moment, voici la mienne ; elle est la plus ancienne de toutes ; d'où je conclus que les hommes n'y peuvent rien et qu'elle ne changera pas : *in æternum.* Cela est unique sur la terre; cela mérite donc qu'on y pense. Il n'y a point de tristesse à cela, mais, au contraire, quelque chose de délicieux et par excellence, un bonheur, et si je l'ose dire, comme un avant-goût des joies célestes, celle d'avoir embrassé la justice et la paix, rencontré, reconnu et suivi la vérité avant et par-dessus toutes choses. *Donum Dei.*

Que celui qui voit tout, qui entend tout, puisqu'il a fait notre oreille pour entendre et qu'il a formé notre œil pour voir, et puisqu'il nous a fait à son image par l'intelligence, nous soit en aide ! Commençons.

L'on demande, d'année en année, et quand le redoublement de la fièvre arrive, quelquefois de mois en mois, comment cela finira ?

Il faut s'entendre d'abord sur le sens de ces mots, comme il faudrait s'entendre aussi sur le sens de tous les autres et sur tout le reste.

Si l'on demande quand les hommes finiront de disputer? Cela ne finira qu'avec le monde. *Tradidit mundum disputationibus eorum;* et ceux qui aiment la dispute, de quelque genre qu'elle puisse être, arriveront toujours assez à temps pour en prendre leur part.

Si l'on demande quand il arrivera que tel peuple, les Français par exemple, pourront se reposer enfin, se réfugier à l'ombre des lois, sans craindre d'être écrasés de nouveau par leur renversement? Cela finirait ou finira quand l'autorité des lois sera établie dans les ames par la loi de Dieu; quand Dieu et sa religion y occuperont cette place première que les passions y occupent aujourd'hui, la France très-chrétienne.

Nos tyrans sont les vices.

Il faut les détrôner. Voilà ce qu'a dit Voltaire (*Discours sur l'Envie*) dans un de ces bons momens où la vérité, la justice, reprenant le dessus, font taire le paradoxe, l'esprit de domination, c'est-à-dire de destruction.

Cela est vrai pour tous les peuples chrétiens, mais spécialement pour les Français, depuis des siècles.

Aujourd'hui, par les qualités de nos Princes, le soleil n'éclaire pas la terre d'une lumière plus éclatante et plus pure, par la gloire ancienne et nouvelle de la France, par l'ascendant de sa force, par la modération et la sagesse des grands Monarques en Europe, et c'est une époque unique dans l'histoire; nous n'avons plus d'autre ennemi à combattre que l'erreur; mais cette erreur est un ennemi obstiné, qui pourrait faire renaître contre nous tous les ennemis que le genre humain a rencontrés successivement depuis ses commencemens. Cette erreur est de nature à glacer d'effroi; elle serait capable de nous dénaturer entièrement, et c'est là une chose que j'ose supplier tous les hommes instruits et bien élevés d'examiner mûrement et dans le calme des passions. Elle serait capable, cette erreur, de ramener l'Europe plus qu'aucune autre partie du monde, et plus incessamment qu'on ne le pense, aux glands des forêts, au *concubitu vago*, au *victu fœdo*, dont Orphée voulut jadis détourner les hommes de son pays; service dont il fut, au reste, si mal récompensé, s'il faut en croire des monumens qui ne sont peut-être pas entièrement imaginaires, et que la férocité des cultes idolâtres rend d'ailleurs assez vraisemblables.

Vous trouverez les motifs de tant de justes terreurs, qui frappent aujourd'hui tous les esprits profonds, dans l'histoire des nations écoulées, dans les écrits des hommes sensés de tous les temps et de tous les genres. Je ne citerai ici qu'un des ouvrages les moins étendus de Fontenelle, *de l'Origine des Fables*, où il dit : « Dans » toutes les Divinités que les payens ont imagi» nées, ils y ont fait dominer l'idée du pouvoir, » et n'ont eu presque aucun égard ni à la sagesse, » ni à la justice, ni à tous les autres attributs » qui suivent la nature divine. . . . . » . . . . La sagesse et la justice n'avaient » pas seulement de nom dans les langues ancien» nes, comme elles n'en ont pas aujourd'hui chez » les barbares de l'Amérique ». Ainsi, suivant Fontenelle, le sens de notre mot *justice*, et même le mot lui-même, dans son acception moderne, n'a été connu que depuis l'établissement du christianisme ; vérité qui n'a point été contestée, que je sache, jusqu'à ce jour.

Il semble, en effet, qu'un chrétien un peu instruit ne devrait jamais envisager ni un légume de son jardin, ni un bœuf de son écurie, ni un magot sur sa cheminée, ni le soleil, ni la lune, ni les étoiles,

> Ces feux inanimés dont se parent les Cieux,
> RACINE.

ni même ce qui est plus fort que tout ce qu'on

pourrait dire, ne devrait jamais lire le traité de Cicéron sur la nature des Dieux, sans remercier le Ciel de la faveur qu'il lui a faite; aussi Fontenelle conclut-il par ces mots : « Tous les hommes » se ressemblent si fort, qu'il n'y a point de peu- » ple dont les sottises ne nous doivent faire trem- » bler ».

Tant il est certain que tout le bonheur, que tout le malheur des hommes en société, viennent des vraies ou des fausses doctrines qui leur sont enseignées.

Voilà qui est formidable pour ceux qui s'érigent en maîtres, pour ces esprits du jour, qui, sans respect pour la paternité, viennent, en leur propre nom, ce qui est *de fort mauvais augure*, comme le dit expressément Bacon, *ce qui ne saurait produire que des ruines*, comme le dit Cicéron, viennent innover dans ces augustes et solennelles doctrines que la tradition a consacrées depuis le commencement du monde, et dès le berceau du genre humain.

Nous l'avons vu ce temps où l'impiété se perdit dans ses voies, *ascendunt in deserta et intereunt*, et il reste encore des vestiges de cette barbarie nouvelle ou renouvelée; ce temps où l'orgueil et la présomption peu flattés des clartés admirables du catéchisme, prétendirent fonder les devoirs de l'homme l'homme sur ses droits, c'est-à-dire sur ses doutes et sur ses fantaisies, les espérances de la vertu, sur le plaisir et sur ses agrémens ; la stabilité de l'état social et de ses gouvernemens sur des équations.

Entreprise impie ! entreprise sacrilège dont on a porté la peine *subitement* ; dont les passions se sont jouées, comme chacun le sait, et dont elles abuseraient encore nécessairement jusqu'à la consommation des siècles. *Quare fremuerunt gentes !*

La folie de l'homme abandonné à lui-même ; cette folie abandonnée à toute sa latitude, est incalculable dans ses effets, dans ses développemens, dans ses résultats, dans ses conséquences.

La *Foi*, l'*Espérance*, la *Charité* peuvent seules en préserver la terre. Les nations chrétiennes ont en elles-mêmes un principe de vie capable de les renouveler et rajeunir sans cesse. *O altitudo !* A cette marque reconnaissez la loi divine, la religion de Dieu, comme vous reconnaissez, par l'étude des corps célestes, l'auteur des lois du mouvement, la puissance du Créateur.

L'orgueil qui divise tout, qui sépare tout, est stupide à ce point que c'est en lui-même qu'il prétend établir le centre de tout. Le centre de tout est dans celui qui est, dans l'éternelle vérité, en Dieu seul, souverain bien que les Chrétiens connaissent, qu'ils ne recherchent plus et qu'ils espèrent depuis qu'il s'est révélé à eux. La base de tout est dans sa loi, dans les commandemens qu'il nous a faits, qu'il nous a transmis par un miracle toujours subsistant de sa providence, depuis le premier homme et la première femme qu'il a créés. Voyez encore dans Fontenelle, sa preuve de l'existence de Dieu.

Tournez autour de cette base de la loi de Dieu tout autant qu'il vous plaira; voyez l'univers à vol d'oiseau, autant que vous le pourrez, pour découvrir une autre base, vous ne la trouverez pas. *Une seule religion a des preuves*. (Fontenelle). *Et quelles preuves ?* (Labruyère). *Elle est toute historique* (Léibnitz). *Elle est tout amour et charité*, disait ce roi Stanislas, dont la Lorraine conservera un éternel souvenir.

Vos définitions, que peuvent-elles sur la nature de Dieu? Prévaudront-elles sur son amour pour les hommes? Vos discours, vos classifications, vos dissections, que peuvent-elles sur la nature des choses? Pas plus dans l'ordre moral de l'univers que dans cet ordre physique qui frappe les sens, qui a manifesté aux savans les plus illustres parmi vous, comme à l'ignorant le plus simple, la gloire du Tout-Puissant. Et c'est en vous le plus grand des crimes, soit envers Dieu, soit envers les hommes, de vous obstiner à ne pas le reconnaître. De quel crime, de quel orgueil portez-vous donc la peine, que vous poursuivez le genre humain d'une telle haine? *Et hoc est summa delicti, nolentium recognoscere quem ignorare non possunt.*

Id quod adoramus, Deus est. (Tertul., apologetic.) Dieu, voilà une vérité d'instinct. Elle entre dans notre nature. De Dieu seul nous avons pu la recevoir, cette lumière véritable qui éclaire tout homme venant en ce monde, qui a luit au milieu des ténèbres déplorables du paganisme, aujourd'hui rendues inconcevables pour nous; et que les ténèbres de nos vaines passions ne pourront jamais comprendre autant qu'il serait nécessaire à notre félicité.

Douter de l'existence, de la justice, de la bonté de Dieu, pendant cette vie, ou douter de l'existence et des effets du soleil, pendant la nuit, je vous laisse à juger de ces deux absurdités laquelle serait la plus absolue? si l'un ou l'autre de ces doutes pouvait être en nous véritablement, ce que je ne puis croire.

Mais les hommes, par un usage trop commun, même dans les écoles, par un abus toujours répréhensible, ou même par une profanation détestable de leurs facultés, se plaisent trop et prennent ensuite la pernicieuse habitude de se jouer de leur propre raison, comme de celle des autres. *Dulce est desipere.* Je l'accorderai, puisqu'il le faut, quoiqu'à regret, mais *in loco*, mais sans attenter aux lois du devoir, et sans blesser les règles de la convenance. Remarquez ici cette anti-patriotique, cette anti-humaine inconséquence; ce ne serait donc que pour les chrétiens qu'on pourrait se dispenser de cette règle du goût: *secernere sacra profanis !*

Ces saturnales de l'imagination ne doivent point revenir souvent; ces débauches des idées sont d'un usage *mauvais*; elles servent à nos passions déréglées; elles leur donnent de la consistance, de l'intensité, de l'obstination et de la force; elles complètent leur aveuglement.

C'en est assez pour porter certaines gens à avancer ou à soutenir telle opinion, même dans le genre le plus grave, de savoir qu'elle n'est celle de personne, qu'elle est contraire au sens commun. Mais le sens commun, c'est l'ange du Seigneur contre lequel on ne lutta jamais impunément.

Terrible manie, fruit de l'oisiveté et d'une vanité sophistique et dominatrice, peste du monde, parce qu'étendant son crêpe d'incertitude et de mort jusque sur l'évidence, elle amène l'affaiblissement des esprits, la perte du jugement, la corruption des sentimens et de la conduite, la dépravation des mœurs, des caractères et de tout esprit public, par le ridicule dont elle enveloppera enfin même la vertu.

C'est alors, c'est en ces temps de haines, de perturbations, de folies, qu'on pourrait marquer les sociétés entières, abandonnées à leurs vertiges, de ce signe énergique que le sacerdoce de l'Eternel trace sur le front des chrétiens dans les jours favorables et prospères de la résipiscence et de ce repentir qu'on a dit avec tant de raison être la vertu des mortels. C'est à ces époques si décisives pour les peuples, qu'afin de les rappeler aux imprescriptibles commandemens, aux pratiques tendres et sublimes de cette piété qui réunit la grande famille par le lien fraternel de la même crainte et de la commune espérance, on doit évoquer les témoignages irrécusables du passé pour défendre le présent dont nous sommes les dépositaires envers l'avenir.

Après les expériences que nous avons subies, la charpente, l'échafaudage des lois purement humaines est à nu. L'homme le moins exercé peut, à cette heure, juger de sa débilité. A quel homme sensé, le discours le mieux construit, la faconde la plus subtile pourrait-elle persuader encore que la pensée du vrai Dieu est inutile à l'Europe; que les peuples doivent être livrés sans crainte à tout ce que les hommes pourraient mettre à la place dans ce vide infini que son absence laisserait dans leurs ames ?

Envain les systématiques nous flatteraient d'une solidité nouvelle, d'une lumière inextinguible, *le craquement de la destruction* s'est fait entendre ; et, devenus semblables aux nations idolâtres, comme elles, nous retournerions dans cette poussière d'où la loi de Dieu nous avait su tirer.

Ce sentiment n'est-il pas, n'a-t-il pas toujours été d'autant plus intime que l'esprit est plus profond et plus éclairé ?

J'avoue, écrivait, il y a plus d'un siècle, un homme qui a fait dès-lors, avec une vérité frappante, l'histoire anticipée de nos malheurs : « j'a-
» voue, disait Léibnitz (Traduct. d'Émeri) que
» j'ai toujours vu avec indignation qu'on abuse
» des lumières de l'esprit humain pour l'aveugler
» lui-même ; et je me suis appliqué à la recherche
» des vrais principes avec d'autant plus d'ardeur,
» que je souffrais plus impatiemment que des no-
» vateurs entreprissent, par leur subtilité, de me
» priver du plus grand bien de cette vie, c'est-à-
» dire, de la certitude que mon ame survivra éter-
» nellement à mon corps, et de l'espérance qu'un
» Dieu infiniment bon couronnera enfin la vertu
» et l'innocence ».

Je reconnaîtrais, suivant la commune opinion, la république des lettres et des sciences, mais l'égalité des lettrés et des savaus, je ne peux pas la reconnaître, à moins qu'on ne veuille faire vivre fraternellement la vérité et le mensonge, les ténèbres avec la lumière, la sottise avec la raison. L'orgueil aura beau faire, il faut et il y aura des chefs par-tout et dans tout; et cette pensée d'un grand génie, d'un génie universel et universellement reconnu pour tel, qui hâta de tous ses vœux, de tous ses travaux, le retour à l'unité, qui rendit grâces à Dieu de la conservation de l'Eglise catholique, et qui la considéra comme une preuve irréfragable de son amour pour les hommes, est-elle claire, simple, juste? Est-il une vérité mathématique plus certaine que celle-là? Je ne le pense pas. Cela posé, voyons où nous en sommes et ce que nous sommes devenus depuis que Léibnitz a parlé.

Privés, pour leur malheur, du seul guide capable de les diriger, se plaignant, comme je l'ai entendu dire souvent, du temps et des circonstances où la vie leur avait été accordée, combien d'hommes, de gaîté de cœur, se sont jetés au milieu des tempêtes, ont souffert, ont enduré, pendant leurs belles années, toutes les souffrances du corps, toutes les inquiétudes de l'esprit, toutes les profondes tristesses de l'ame, sans objet déterminé, seulement pour acquérir, s'ils le pouvaient, ce qui est extérieur, de la richesse, du luxe, du pouvoir, ou plutôt quelque chose qui y ressemblât? Ils jouaient ainsi *des choses aussi substantielles*, suivant l'expression de Newton, que la paix de l'ame, contre des jetons, contre des osselets d'enfans, auxquels ils attribuaient une valeur réelle.

Nullus argento color est avaris.

Horat.

Mais si l'argent est sans couleur pour les idolâtres de l'argent, il n'en a que de fausses, que de trompeuses pour les idolâtres des plaisirs, les sensuels et les prodigues. Sans doute la misère a ses privations et ses souffrances ; mais combien de valets, s'ils sont fidèles, s'ils sont affectionnés, sont plus heureux que leurs maîtres!

Depuis quand le bonheur évite-t-il de franchir la porte des chaumières, d'y habiter avec l'amour du travail, loin des tristes haines, des jalousies perfides, au milieu des plus délicates et constantes affections? Ah! que les confidens et les médecins nous énumèrent au contraire, s'ils le peuvent, combien de douleurs, combien de dégoûts, combien de chagrins cuisans, combien de maladies de l'ame et du corps sont réservés à l'opulence, et quelle ardeur de la charité peut suffire à lui aider à les supporter!

> Laissez-moi retrouver mon somme,
> Et reprenez vos cent écus.
>
> *Lafont.*

Voilà pour la cupidité cruelle. D'*ira cupido*, passons à l'*amor sceleratus habendi*, à l'amour scélérat des richesses.

Ceci est d'un ordre de choses bien autrement lamentable.

Tout homme qui n'agit pas en vue du bien dont il est redevable à sa patrie, est un ingrat; et suivant le même Lafontaine, *tout ingrat meurt enfin misérable;* c'est là ce que *j'ai toujours vu*, disait-il. Tout homme qui ne travaille pas en vue de plaire à Dieu, est une dupe, pour ne rien dire de plus. Il ne connaît ni les hommes ni les choses; et le plus souvent il sera la victime des passions des autres, mais très-certainement il le sera toujours des siennes.

> *Si non intendes animum studiis aut rebus honnestis,*
> *Invidiâ vel amore vigil torquebère.*
>
> Horat.

Mais où est la source de toute honnêteté, de toute vérité, de tout droit, de toute justice? L'or, les talens, la puissance ne font rien à l'affaire. Voyez Plutarque, Œuvres morales, *des délais de la vengeance divine*; et dans son traité *sur la fausse honte* dont cinquante ans d'expérience nous ont confirmé la justesse. « Une des leçons les plus » utiles qu'on puisse donner, c'est qu'en général » toutes les passions, toutes les maladies de l'ame » nous entraînent dans les maux que nous voulons » éviter en nous y abandonnant. Ainsi le désir de » la gloire attire souvent l'infamie; et l'amour du » plaisir, la douleur. La mollesse est suivie de » beaucoup de peines; l'entêtement dans les pro- » cès, de pertes considérables. La fausse honte » nous fait craindre une vaine fumée, et elle nous » jette au milieu des flammes........ ».

Combien d'hommes privés de la souveraine pensée de Dieu, et sortis de la route du devoir qu'ils ont vu se couvrir d'épaisses ténèbres, ont, dans un secret désespoir, formé, secondé les entreprises les plus téméraires, les plus injustes, les plus tyranniques, les plus cruelles, les plus avilissantes, les plus perfides, et pourquoi? Parce qu'ils comptaient un jour parcourir les rues d'une ville dans une voiture somptueuse, et s'en faire ouvrir et fermer les portières par de beaux laquais. O hommes !

Soyez plutôt maçon, si c'est votre métier;

car j'ai connu et je connais des maçons qui sont de fort honnêtes gens, qui ne veulent ni dicter, ni imposer la loi à personne, et qui bâtissent des maisons qui subsisteraient plus long-temps que votre malheureuse patrie, si elle vous laissait faire.

Faut-il plaindre, faut-il blâmer d'aussi funestes extravagances? ou faut-il attendre d'un nouvel Érasme un nouvel et plus complet éloge de la folie?

Hic petit excediis urbes, miserosque Penates,
Ut gemmâ bibat et sarano dormiat ostro.
Vendidit hic auro patriam.

Aujourd'hui, cela veut dire en français : que si nous prenions pour le Roi et la patrie, la moindre partie de la peine que nous nous sommes donnée pour les choses les plus insignifiantes, la France serait encore la gloire et la bienfaitrice de l'Europe.

Ces vers de Virgile sont très-remarquables : toutes les révolutions, tous les temps de trouble se ressemblent; ils ont tous les mêmes causes et ils produisent les mêmes effets. Montesquieu avait éminemment raison en cela; la possession des richesses ne prouve ni pour ni contre. Ce n'est pas la peine de s'en tourmenter; comme la dispensation des talens si divers et si inégaux entre les hommes, elles ne prouvent que la sagesse de la Providence.

Et sans mêler à l'or l'éclat des diamans,

La vie peut être très-riche et très-belle. N'exposons point, ne sacrifions point tout ce que nous avons de plus précieux pour les acquérir; si les richesses des nations échappent aux mains de la violence et de la rapacité, si le trésor public s'en retire sagement, le banquet de l'agriculture est large, il est ouvert à tous, il est sain et joyeux, et la patrie nous y tend les bras et nous y convie. Nos pères, qui en connaissaient les délices, disaient : *Bonne renommée vaut mieux que ceinture dorée.* Qu'avons-nous gagné à mettre devant tant de choses dont les gens d'un esprit supérieur et tous les honnêtes gens ont sû et savent encore user ou se passer; qu'ils savent conserver ou perdre d'après les principes des plus généreux et des plus nobles sentimens, d'après les conseils du meilleur ami qu'un chrétien puisse avoir d'après sa conscience?

Quæ ordinata sunt, à Deo ordinata sunt. Avec la pensée de l'Eternel qui anime tout, qui vivifie tout, qui conserve tout, qui peuple tout, même les sables brûlans de l'Afrique, même les frimats et les neiges éternelles de nos montagnes sourcilleuses; avec son culte qui ennoblit tout, qui décore tout, qui explique tout, qui coordonne tout, nous avons abandonné le spectacle des champs, devenu par là une morne solitude. Sans doute,

> Tout l'univers est plein de sa magnificence,
>
> RACINE.

Et les villes comme les campagnes. Cependant au milieu des champs, inspirateurs silencieux des plus salutaires, des plus grandes pensées, l'homme exempt de crime a plus de moyens de se soustraire au vagabondage de ses désirs; il y devient meilleur; il y cultive avec plus d'avantage sa raison. C'est là que les Daguesseau et les Buffon, et tous les hommes de génie ont d'abord nourri leurs ames; c'est là que Dieu se manifeste avec une grâce plus touchante; là

> Il donne aux fleurs leur aimable peinture,
> Il fait naître et mûrir les fruits,
> Il leur dispense avec mesure,
> Et la chaleur du jour et la fraîcheur des nuits.
> Le champ qui les reçut les rend avec usure.
>
> RACINE.

Mais hélas! déjà ces fruits y sont consumés d'avance par l'usure spoliatrice, scandaleusement reproduite par l'impiété. Si l'on n'y pourvoit par la religion, malgré nos lois humaines, l'usure ruinera notre agriculture, la paix et l'innocence des champs, elle sémera par-tout le crime et le désespoir.

Depuis que le haut prix de la rente, depuis que les savantes proportions du produit brut au produit net, depuis que la quantité de matière imposable et sa valeur intrinséque, depuis que les états de population, de tous animaux quelconques, nous occupent plus radicalement que le bonheur des hommes créés à l'image de Dieu et rachetés de son sang, ainsi que l'objectait le savant Muret à ses médecins dans un hôpital; depuis que toutes ces belles choses nous ont fait perdre de vue les premiers élémens de toutes connaissances; depuis que l'esprit humain a fléchi sous le poids accablant des doctrines des économistes, et qu'il ne voit plus dans tout l'univers que de la matière, nous avons abandonné pour des jouissances aussi fausses que pernicieuses, pour des espérances puériles ensemble et corruptrices, cette vie noble et exempte de reproches, qui conduisait nos pères jusqu'à la plus heureuse et la plus extrême vieillesse, tendres objets des soins précieux de leur respectueuse postérité.

Trop souvent les villageois, et même les fermiers des grands propriétaires, ne les connaissent plus que de nom, que par les pilleries et par les tracasseries quelquefois suscitées par leurs agens. Les campagnes habitées, embellies jadis par les hommes instruits, connaissant et pratiquant les devoirs et les égards mutuels de la vie sociale, par les hommes aisés, faciles, obligeans, désintéressés, et par l'opulence souvent charitable qui y trouvait, et souvent y venait chercher les plus nobles délassemens, ne le sont plus aujourd'hui que par des mercenaires. Nous avons entièrement perdu de vue et le soin des troupeaux, et les travaux honorables, sains et fortifians de l'agriculture à laquelle nous fumes destinés, dès le principe, par le Créateur. Les beaux arts même cessent de nous représenter ces tableaux qui charmèrent tous les peuples et tous les âges, parce que ces tableaux brillans de goût, de sécurité et d'innocence ont entièrement cessé de nous en retracer les souvenirs.

Que nous reste-t-il à la place ? Osons le dire : des reconnaissances dans le porte-feuille, des billets au porteur avec contrainte par corps, les fruits ou les pertes de l'usure, les pirouettes de l'opéra, la politique oisive, et du moins improductive des ignorans discoureurs et des docteurs du moment, l'almanach des gourmands et les règles de ces jeux sédentaires, tristes et ruineux, par lesquels nous terminons trop souvent, dans les convulsions du désespoir ou par le suïcide infernal, des jours si tristement perdus.

Les heureux habitans des champs n'ont jamais

connu rien de semblable ; ils voient lever le soleil, ils admirent l'ordre des cieux, ils implorent leur créateur et le vôtre, ils goûtent un sommeil tranquille, et sortent de leur abri pour accomplir leur œuvre jusqu'au soir.

Au milieu de ces passe-temps de nos villes, toujours monotones, quand ils ne sont pas funestes, où vivent et meurent, que bien que mal et au jour le jour, dans les langueurs exténuantes de la mollesse, ou sur les épines de l'envie, ou dans les fausses joies, ou dans les fausses tristesses de la cupidité, tant de Français faits pour être, dans les départemens appauvris par leur absence, les vivantes images de toute fidélité à Dieu, au Roi, à leur patrie ; l'Europe, et même, s'il faut en croire les trompettes discordantes de la renommée, une partie de la terre du nouveau Monde sont en conflagration. Les beaux arts que le Créateur nous a donnés, et dont il a mis les facultés dans notre ame, se dénaturent et se perdent. Malgré tous les beaux semblans que nous faisons encore, nous n'avons plus pour eux que des hommages hypocrites ; le goût se déprave réellement, parce que l'intérêt personnel ne sent que ce qui le touche immédiatement ; les sciences déclinent ; des crimes horribles surgissent de toutes parts ; des complots sans cesse renaissans épouvantent la terre ; non-

seulement

seulement le plus que passé et le passé, mais ce qui était hier est oblitéré le lendemain; le soin, le souci de l'avenir s'éloignent, s'obscurcissent; une sombre tristesse envahit les vrais amis de l'humanité; le cratère avide d'engloutir encore la borne sacrée du juste et de l'injuste mugit par-tout sous nos pas.

Qu'on en dise tout ce qu'on voudra! c'est l'oubli des premiers principes de toute civilisation; c'est le Dieu qu'on nomme *Argent* qui nous a valu tout cela, qui nous a rendus morts à tout ce qui n'est pas lui, au vrai, à l'honnête, au beau dans tous les genres : *pauci quos æquus amavit.* Un petit nombre, contre le courant, nagent encore au milieu de ce vaste gouffre; pour tous les autres *un grain de mil, le moindre ducaton* fait mieux leur affaire que tous les trésors de sagesse de l'antiquité, que toute décence, que toute science, que tous talens, et même que toutes les gentillesses distribuées si libéralement par l'esprit moderne.

Aujourd'hui, fièrement, tête levée, de front, on va à l'argent. Cette soif ardente, je le dis physiquement, brûle et corrompt le sang, même à la jeunesse; elle la rend idiote. Cependant quel si grand bonheur peut-il procurer aux hommes?

J'ai vu quelquefois des gens si heureux et à si

peu de frais ! Qu'on m'apprenne donc enfin quel plaisir vrai, c'est-à-dire non brutal, non d'une vanité puérile, l'homme peut acheter pour son argent? Les hommes bien instruits et bien élevés n'ont-ils pas observé mille fois, au contraire, que cette fortune aveugle, objet de tant de soupirs indiscrets, n'est jamais aussi ardemment convoitée que par ces oisifs, impuissans pour tous les plaisirs de l'esprit, incapables de toute affection pour les autres, toujours au-dessous de leurs devoirs, toujours occupés d'elle seulement, toujours absorbés par elle? et ensuite c'est ce gros argent qni les perd, en achevant d'égarer leur jugement, en les jetant dans toute sorte d'orgueil, de présomptions, de folies; tandis qu'il faudrait, dans l'usage qu'on en fait, tout rapporter à la plus grande gloire de Dieu, et, suivant sa parole, d'une justice effrayante, faire passer tout cela par le trou d'une éguille.

Ainsi, nous le voyons tous les jours parmi nous, et la patrie en reçoit un dommage immense. C'est là le mal dans sa source.

A quoi donc aurons-nous recours pour arrêter une contagion qui attaque tous les rangs, toutes les classes? Au seul sentiment capable de remplir l'ame humaine, capable réellement de faire son bonheur même sur la terre, capable de la guérir de ses prestiges insensés, en dirigeant tous ses penchans comme toutes ses affections au bien général, au seul bien solide et véritable.

Fontenelle mourant disait : « Je suis Français, » j'ai vécu à Paris, j'ai près de cent ans, et je » n'ai pas à me faire le reproche d'avoir jamais » donné le plus petit ridicule à la plus petite » vertu. »

Que de contes impertinens on a faits et répétés sur Fontenelle! Ne viendra-t-il jamais un livre intitulé : *Le Vengeur des Morts ?* Quel fléau que la calomnie! Elle trouble l'ame même du sage; elle brise les forces de son ame; elle ébranle les États; elle est puissante à les renverser; elle a dispersé parmi nous les matériaux de notre propre gloire, et nous avons souffert cette ingratitude monstrueuse! Cependant, que d'hommes admirables dans tous les genres la France très-chrétienne a enfantés! quels hommes elle produit encore! Oh héritage de ce Roi! saint devant Dieu, grand au souvenir de son peuple, admiré et respecté par tous les peuples témoins de son courage et de son héroïque justice et fermeté! La France, après tous ses malheurs, et à cause de ses malheurs, doit aujourd'hui, comme elle l'a fait dans le passé, des exemples régulateurs à l'Europe. Si la France se manque à elle-même, si elle ne se met pas à la tête de la civilisation Européenne, la France et l'Europe sont perdues, et ses lumières seront dispersées dans d'autres parties du globe.

O Providence ! qui d'entre nous n'a pas rencontré, et dans tous les états de la vie, de ces sages, seuls dignes de ce nom, ayant vaincu la fausse prudence, la sagesse vaine par une raison supérieure, ayant triomphé de cette ivresse d'occasion et du moment qui nous opprime, qui nous presse et nous dévore ? Qui n'a pas vu de ces hommes ayant senti qu'il est une seule chose nécessaire, l'accomplissement de ses devoirs, prenant leurs repas de pois chiches et de pain noir, *siliquis et pane secundo*, dans la joie des plus fidèles et des plus sublimes vertus, de ces êtres dont l'aspect tranquillise et rafraîchit le sang, et dont la physionomie franche et, si je l'ose dire, débarbouillée de ces couleurs si riantes apposées sur un fond fort triste et fort sombre, vous font apparaître, à ne pas s'y méprendre, les signes certains d'une lumière et d'un contentement ineffables ?

Regum superubat *opes animis.*

Depuis le sceptre jusqu'à la houlette, le désir de l'homme injuste périra ; mais depuis le sceptre jusqu'à la houlette, les vrais amis des hommes seront bénis de Dieu et des hommes. *Generatio rectorum benedicetur.* Trois mots qui sont rendus dans toutes les langues, qui ne changent pas, qui ne changeront jamais, qui sont de la vraie philosophie. *Digitus Dei est hìc !*

O regrets à jamais douloureux! Nous les avons eu ces spectacles *les plus grands*, ceux de la vertu, digne de tous les hommages, et luttant contre l'infortune, mais victorieuse, mais triomphante par le sentiment de cette force toute divine, de cette piété à laquelle l'ame de Racine a prêté des accens si mélodieux :

Tu le vois tous les jours devant toi prosterné,
Humilier ce front de splendeur couronné;
Et confondant l'orgueil par d'illustres exemples,
Baiser avec respect le pavé de tes temples.

Quelle religion que celle qui inspire de pareils sentimens, et à tous les mortels, et dans tous les momens de cette vie si courte et si traversée!

Je l'avouerai; je n'ai jamais pensé à cette cérémonie où la majesté de nos Rois s'ennoblit à laver les pieds des enfans, sans la plus profonde admiration! De bonne foi, y a-t-il dans les archives de l'histoire rien de comparable à cet antique usage de la France chrétienne et très-chrétienne?

Et l'on viendra nous dire que c'est en faveur de l'humanité qu'il faut anéantir tout cela, éteindre ce feu céleste dans les ames! Mais ces hommes sont donc devenus fous? Eh! sans doute *ils sont fous*. N'est-il pas évident qu'on ne peut fermer les yeux à la vérité sans perdre aussitôt toute lumière, toute justice, toute raison?

En quo superbia, *cives*
Perduxit miseros!

Voilà jusqu'où nous a conduit un orgueil aussi stnpide qu'il fut tyrannique, lorsque appelés à juger obstinément de tout au gré de leurs passions personnelles, les trop malheureux mortels ne purent être d'accord sur rien; reconnaissez la profonde sagesse de cette loi, qui a fait de cet orgueil indomptable le premier des péchés capitaux.

Si la vertu, disait Platon, pouvait se montrer aux yeux, on quitterait tout pour s'attacher à elle.

L'intention de Platon était bonne sans doute; mais c'est là une erreur, et des plus dangereuses. Le sort de son maître en philosophie, la prudente circonspection dont il se crut obligé d'envelopper sa conduite et sa sublime doctrine, aurait dû l'en garantir.

Il semble qu'il suffirait de montrer la vertu aux hommes pour les entraîner tous. Elle est si sensible, si uniquement propre à faire leur bonheur, si à leur portée quand leurs passions se taisent, ils l'ont quelquefois devant leurs yeux, elle est au fond de leurs ames en caractères ineffaçables. Eh bien ! au premier choc qui viendra subitement donner le branle à leurs imaginations, à la première lueur de nouveauté qui leur sera présentée par les passions, s'ils ne sont défendus par la loi de Dieu, il ne restera personne au logis ; le prestige entraînera tout aux pieds de l'idole, et chaque jour il faudra briser encore les tables de la loi.

Les espèces de folie, les faces différentes sous lesquelles elles peuvent se présenter sont innumérables. Chacune veut avoir son tour, veut *régner.* Elles se choquent, elles se battent, se détruisent les unes les autres ; toute politique, toute philosophie (et c'est bien ici le mot propre) se réduirait bientôt à deviner l'idole du lendemain, et après des billebaudes, des billevesées qui n'ont pas de nom, et pour lesquelles nous en érigeons de moment en moment, et quelquefois tragiquement, de si superbes ; il faut de deux choses l'une, ou que les nations meurent, ou qu'elles renaissent portant sur leur front cette marque divine qui invitera tous les peuples à marcher à sa lumière.

Car l'homme n'est point de lui-même ce que le christianisme nous l'a fait ; *homo homini lupus*, disait l'adage du Paganisme, parce que depuis sa dégradation par sa désobéissance, depnis le premier acte de l'orgueil, il est devenu une créature inexplicable et comme enivrée, faible et ardente, ingrate aux bienfaits, rébelle à la raison, sourde à la justice, féroce dans le désir, puérile et précipitée dans ses fantaisies, ambitieuse jusqu'à la fureur de l'empire sur les autres, parce qu'elle est dédaigneuse jusqu'à la stupidité de l'acquérir sur elle-même, s'enflant à la première lueur qu'elle croit entrevoir, au moindre signe d'une fallacieuse prospérité, parce qu'elle est toujours mécontente de son sort, toujours impatiente d'en sortir, de le changer, de tout changer, quand elle en a une fois goûté les premières amorces.

Et pour ne rien cacher, ni dissimuler dans des choses de cette importance, aujourd'hui même les infirmes ou de corps ou d'esprit, même les vieillards, ce qui est particulier au temps où nous vivons, se mettront à courir des premiers. Voyez le 20 mars 1815. Et ils périront à la poursuite de leurs fantasmagories, ou ils seront les derniers à revenir à la maison, à cette maison commune de tous les Français, où nous les attendons, à cette unité de la *cité de Dieu*, fondée par notre divin Rédempteur, promise à tous les peuples dès l'origine des temps, annoncée par les Patriarches, prédite par les Prophètes, cimentée par le sang des Apôtres et de tous les Martyrs de la Foi, ornée des vertus chrétiennes de tout l'Univers, célébrée par la Charité évangélique dès les premiers siècles de l'Église; *unité* qui eut, qui a, qui aura toujours des attraits irrésistibles pour tous les hommes d'un génie véritable, pour tous ceux qui chercheront cette unique Lumière, loin des routes des passions et dans toute la sincérité de leurs cœurs. C'est là et uniquement là que des sentimens et des pensées supérieurs à tout ce qui est faux, illusoire et fugitif, sont capables de les captiver et retenir.

Je me résume et en peu de mots.

Il faut obéir à Dieu ou aux hommes. A Dieu qui ne change pas, ou aux hommes qui changent sans cesse; à la Justice éternelle, seule sanction suffisante de toute justice parmi les hommes, ou aux caprices et aux inévitables violences de leurs passions. L'univers nous atteste cette vérité: il faut être chrétiens et très-chrétiens pour ne dépendre que des lois, pour leur rester fidèles.

Pour tous les hommes quels qu'ils soient, si la crainte et l'espérance, si l'amour des enfans de Dieu ne les fortifie, ne les élève, la justice et la morale du cordon, de la hache et du sabre ne sauraient manquer à les soumettre, à les fouler aux pieds.

Sans religion positive, nous n'aurons ni lois stables, ni gouvernement fixe, ni Roi légitime, mais nous aurons des tyrans renouvelés sans cesse; et dans toute l'horrible énergie de ce mot anti-français, anti-chrétien, l'impiété a ses matériaux tout prêts.

Sans gouvernement régulier, sans monarchie, le culte de Dieu sera oublié, méconnu, et les plus atroces passions en usurperont la place, peut-être pendant des siècles. Nous deviendrons comme les poissons des ondes et comme les reptiles de la terre qui n'ont pas de *prince*. *Et facies homines quasi pisces maris, et quasi reptile terræ non habens principem.* (Habacut, cap. 1, v. 14.) Toute sagesse religieuse, politique, civile est renfermée là, dès-avant Homère; les plus superbes discours n'y changeront rien. *Domini quæstionum sumus, rerum non item* (Bacon.).

Per me Reges regnant. C'est par Dieu que les nations subsistent et qu'elles sont sagement gouvernées.

De Dieu seul viennent et la stabilité et l'efficacité des institutions, et la véritable force, et la véritable joie, celle d'être en paix avec Dieu, avec ses semblables, avec soi-même, trois choses inséparables; et la liberté véritable, celle de faire le bien et d'éviter le mal; et la police souveraine des nations, celle de ses éternels commandemens.

Il commande au soleil d'animer la nature,
Et la lumière est un don de ses mains ;
Mais sa loi sainte, sa loi pure
Est le plus riche don qu'il ait fait aux humains.

RACINE.

Il faut le dire, il faut le répéter d'après toute l'antiquité, d'après les leçons de tous les grands esprits, d'après le sentiment profond de tous ceux qui ont fait le plus d'honneur à l'humanité ; ce qui arrête les progrès de la civilisation, c'est l'oubli de Dieu et de son culte ; ce qui l'éteint entièrement, subitement, c'est l'impiété. Conservons-le ce riche don de la loi de Dieu, si nous voulons établir solidement et voir prospérer à jamais notre patrie, nos institutions, notre race, notre nom, notre postérité, notre gloire, *si non, non.*

Infidèle à Dieu, vérité la plus claire, la plus prospère, la plus féconde ; infidèle à sa religion, à son culte, à sa loi, le plus grand de ses bienfaits, l'homme ne sera plus fidèle à rien, pas même à sa raison. Et puisque dans le délire de l'orgueil, et pour se livrer en aveugle à toute corruption, il a voulu éteindre le foyer de tout droit, de toute justice et se ravaler en lui-même jusqu'à se ranger parmi les vils animaux, nous oserons lui dire qu'il n'est pas encore assez descendu pour y trouver sa sécurité ; qu'il est, en son infortune, destiné, par ses facultés même, à devenir la substance la plus misérable de la création; que la bête incapable d'étendre ses sensations hors d'elle-même et ses espérances dans l'avenir, constamment dirigée par l'imprévoyante lumière de son infaillible instinct, jouira d'un sort mille fois moins déplorable; que pour lui, chaque jour, de nouveaux désirs, de nouvelles fantaisies et des passions plus insensées, plus fuugueuses, plus tyranniques, plus atroces,

> Emporteront la toile et tout,
> Et l'animal pendant au bout.
>
> *Fable de l'Araignée.*

que toute loi sera ou sans justice, ou sans force suffisante; que le crime régnera, que la vertu sera sans espérance; et, comme l'a dit Bossuet, des temps, que nous verrions revenir que *tout sera Dieu, excepté Dieu même;* car il faut être chrétien, ou bien il faut être païen; il faut être le produit de la chair et du sang, ou il faut être les enfans de l'intelligence, et créés à l'image de Dieu. Il n'y a pas de milieu; il faut que tout soit déception dans l'ordre moral, déception dans l'ordre physique, ou il faut reconnaître et suivre Dieu, sa loi, le mystère d'amour par lequel il a racheté tous les hommes, et se réfugier dans son sein paternel contre toutes sortes d'égaremens.

Justes, ne craignez point le vain pouvoir des hommes,
Quelqu'élevés qu'ils soient, ils sont ce que nous sommes :
Si vous êtes mortels, ils le sont comme vous ;
Nous avons beau vanter nos grandeurs passagères,
Il faut mêler sa cendre aux cendres de ses pères,
Et c'est le même Dieu qui nous jugera tous.

J.-B. ROUSSEAU.

Il est particulier que, dans la langue Française, nous n'ayons point de poésie qui égale les morceaux de ce genre, imités des livres saints, cela ne viendrait-il pas de ce que rien ne saurait être dans une harmonie aussi parfaite, avec la généreuse liberté du caractère Français, avec le goût des gens bien instruits et bien élevés de cette noble nation ?

Je finirai par une observation remarquable : sous le règne de Louis XIV, les hommes dont je viens de parler donnèrent au fils d'un cordonnier de Paris, auteur des strophes du genre de celle que je viens de citer, le nom de GRAND. Ils eurent bien raison. Dans le genre le plus élevé, c'est assurément être grand que d'être non-seulement le premier, mais le seul, ou peu s'en faut.

Quand la Religion aura repris sa place, tout ce qui peut embellir, honorer, raffermir les sociétés humaines, de quelque genre qu'il puisse être, prendra son rang; les choses et les hommes qui étaient hier seront encore le lendemain. Chacun alors pourra se flatter d'obtenir et de *conserver* ou l'estime, ou la considération, ou les égards, ou l'honneur, ou la gloire, ou le respect qu'il aura acquis, qu'il aura mérité, qui lui serait dû.

Justice gracieuse et toute féconde, première décoration des cités; elle honore et ceux qui se plaisent à la rendre, et ceux qui la reçoivent. La brutalité féroce, la haine triste et la détestable envie peuvent seules s'y refuser, puisqu'elle fait naître et maintient toute harmonie parmi les hommes.

La confusion (*discordia semina rerum*) est la plus inguérissable des barbaries. Fénélon (*Dialogue des Morts*) a dit de cette dernière « qu'elle » déshonore toute une nation en faisant perdre » toute espérance d'une gloire solide et durable ». Qu'aurait-il dit de l'autre qui si souvent a changé en déserts les pays les plus florissans ?

La médiocrité parlière, étourdissante, présomptueuse n'y trouvera pas son compte, il est vrai; mais la nation, les talens et les vertus y trouveront leur refuge; et la jeunesse qui doit nous succéder y trouvera cette lumière véritable qui seule peut l'éclairer sur tous ses devoirs, en lui donnant la force d'ame nécessaire à les accomplir. Pour tout le reste, imagination, talens, grandeur, naissance, puissance, opulence, que voyons-nous depuis tant d'années? *Transivi et ecce non erat.*

FIN.

P. S. — *J'avais livré cet ouvrage à l'impression, le 4 février, je me proposais de le faire connaître ici, d'une manière plus ou moins générale, au temps de l'anniversaire du 13. L'on m'en remet les exemplaires aujourd'hui. Peut-être.........sans ce funeste retard, les évènemens si honteux de ce nouveau 20 mars eussent été prévenus. Dans les temps d'abandonnement comme ceux où nous avons le malheur de vivre, les résultats ne sont pas toujours proportionnés à leurs causes; ils peuvent être entièrement changés par les moindres circonstances.*